Rolf Kauka's

BUSSI BÄR
Kinderbibliothek

Reime für Kleine
lustig und lehrreich

...von Bernd Gärtig

MOEWIG

Ein farbiges BUSSI-BÄR-KINDERBUCH für glückliche Kindertage

Originalausgabe

Konzeption, Layout und Redaktion:
Bernd Gärtig

Illustrationen: Angel Nadal und Ana Merino

Umschlagentwurf und Umschlaggestaltung:
Werbeagentur Zeuner, Ettlingen

Umschlagillustration: Ana Merino

Satz: Setzerei Franz, Bischweier

Repros: Repro-Perschke GmbH, Bruchsal

Druck und Bindung: Printer Portuguesa, Lissabon

Auslieferung in Österreich:
Pressegroßvertrieb Salzburg Gesellschaft m. b. H.,
Niederalm 300, A-5081 Anif, Österreich

Printed in Portugal 1991

ISBN 3-8118-8428-X

Inhalt

Vorwort

Reime, begleitet von interessanten kindgerechten Illustrationen, erweitern den Sprach- und Grundwortschatz aller Vor- und Grundschüler.
Pädagogisch wertvolle Zahlenreime und Orientierungsreime aus der monatlich erscheinenden Kinderzeitschrift Bussi-Bär, der ersten wissenschaftlich empfohlenen Spiel- und Vorschule, sind in diesem heiteren Reimebuch für Kleine zusammengestellt. Ein interessantes Erlebnisbuch für alle Freunde von Bussi-Bär.

Viel Spaß mit den heiteren Reimen für Kleine
wünscht allen Kindern in der Welt
die BUSSI-BÄR-Redaktion

Kennst du die Zahlen?

1 Schweinchen läuft im Sauseschritt.

1 Hühnchen trippelt eilig mit.

1 Ball rollt über Stock und Stein.

1 Frosch springt in den Teich hinein.

1 Ufo fliegt durch das All.

1 Kind spielt gern mit seinem Ball.

1 Kuß gibt dir dein Bussi-Bär.

1 Ei im Nest schwimmt auf dem Meer.

1 Junge hebt einen großen Stein.

1 Häschen träumt im Sonnenschein.

1 Hahn kräht laut am Morgen.

1 Hund weint vor lauter Sorgen.

2 Autos fahren schnell daher.

2 Ohren hat dein Bussi-Bär.

2 Luftballons kannst du dir kaufen.

2 Schuhe brauchst du, um zu laufen.

2 Schildkröten tippeln Schritt für Schritt.

2 Eichhörnchen wollen gerne mit.

2 Lutscher sind für Kätzchen Tiger

2 Flügel hat ein großer Flieger.

2 Züge fahren aus dem Bahnhof gleich.

2 Enten tummeln sich im Teich.

2 Puppen hat die Schnatterliese.

2 Katzen tanzen auf der Wiese.

3 Würfel sind fast weiß wie Schnee.

3 Puppen trinken gerne Tee.

3 Robbies spielen fröhlich Skat.

3 Mäuse fahren gern Go-Kart.

3 Boote schwimmen auf dem See.

3 Blumen trägt das große Reh

3 Schweine rennen schnell zum Fressen.

3 Küken haben schon gegessen.

3 Sterne blinken hell herab.

3 Ponys laufen trab-trab-trab.

3 Blumen frißt das kleine Reh.

3 Häschen fahren auf dem See.

4 Seifenblasen sind groß und rund.

4 Blätter sind noch grün, nicht bunt.

4 Kuchen sind geformt aus Sand.

4 Falter fliegen durch das Land.

4 Räder hat der große Wagen.

4 Kätzchen lassen sich hier tragen.

4 Äpfel werden von Bello gebracht.

4 Sterne strahlen in der Nacht.

4 Beine hat der kleine Hund.

4 Bälle rollen rund und bunt.

4 Füße hat der Kleiderschrank.

4 Häschen sitzen auf der Bank.

5 Blumen schenkt der Bussi dir.

5 Würstchen frißt der Bello hier.

5 Mäuse gehen auf die Reise.

5 Kinder hat die blaue Meise.

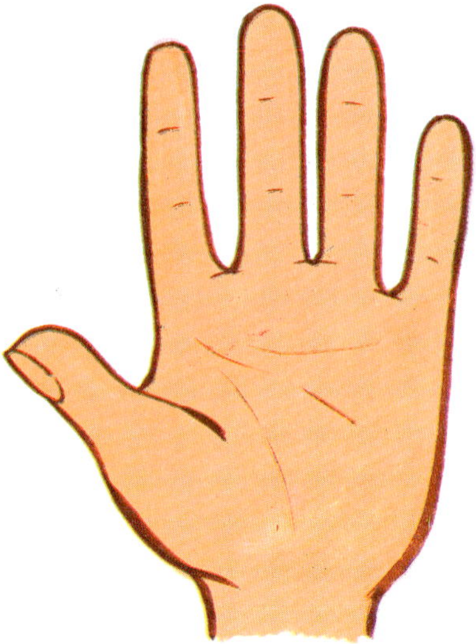

5 Finger hast du an der Hand.

5 Muscheln liegen an dem Strand.

5 Kakteen wachsen in der Sonne.

5 Bälle fliegen aus der Tonne.

5 Mäuse knabbern gerne Käse.

5 Affen tanzen Polonäse.

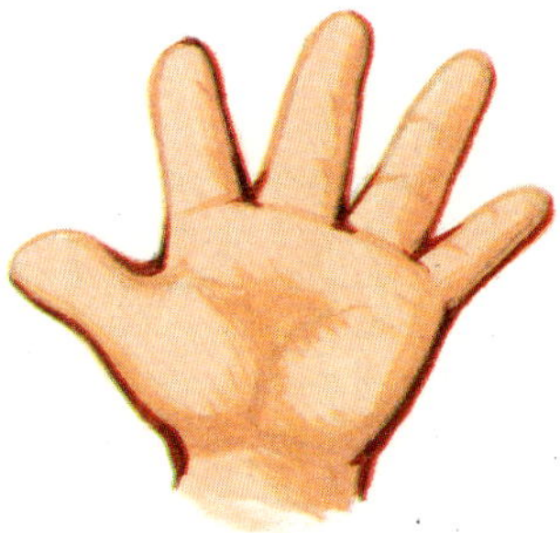

5 Finger zeigt die Hand von Klaus.

5 Möhren sind ein guter Schmaus.

6 Häschen lassen sich hier tragen.

6 Bälle liegen in dem Wagen.

6 Seerosen blühen auf dem See.

6 Tauben finden kein Futter im Schnee.

6 Frösche gehen auf die Reise.

6 Kinder hat die Mutter-Meise.

6 Blumen mag Bussi-Bär dir geben.

6 Schirme brauchen Kinder bei Regen.

6 bunte Murmeln hat das Kind.

6 Vögel fliegen fort im Wind.

6 Erbsen kommen in die Suppe.

6 Fäden hat die kleine Puppe.

7 Kätzchen müssen bei Mutti warten.

7 Tomaten wachsen in dem Garten.

7 Sommersprossen hat die Liese.

7 Häschen tanzen auf der Wiese.

7 Würstchen frißt der Bello hier.

7-schläfer heißt das Tier.

7 Farben hat der Regenbogen.

7 Bienen fliegen in den Wogen.

7 Flugzeuge fliegen zu der Sonne.

7 Strahlen schickt uns die liebe Sonne.

7 Mücken tanzen einen Reigen.

7 Kirschen schaukeln an den Zweigen.

8 Tauben sitzen auf dem Dach

8 Trommeln machen großen Krach.

8 runde Luken hat das Schiff.

8 Pinsel sind für Maler Pfiff.

8 Rosen sieht der kleine Reiter.

8 Sprossen hat die grüne Leiter.

8 Punkte zeigt der bunte Ball.

8 Hühnchen laufen in den Stall.

8 Schafe grasen auf der grünen Wiese.

8 Schafe sind ein Geschenk für Liese.

8 Pilze wachsen in dem Kreis.

8 kleine Hasen sind schneeweiß.

9 Schneeglöckchen blühen für Schnatterliese.

9 Ameisen arbeiten fleißig auf der Wiese.

9 Erdbeeren liegen auf dem Teller.

9 Kirschen trägt die Ente in den Keller.

9 Frösche machen einen Satz.

9 Körner pickt der große Spatz.

9 gelbe Kerzen brennen hell.

9 Regentropfen fallen schnell.

9 Äpfel hingen einst am Baum.

9 Spatzen sitzen auf dem Zaun.

9 Fässer sind rund und grau.

9 Schnecken schlüpfen aus ihrem Bau.

Mein Bussi-Bär

Bussi-Bär, Bussi-Bär, dreh dich um,
Bussi-Bär, Bussi-Bär, mach dich krumm.

Bussi-Bär, Bussi-Bär, zeig dein' Schuh.
Bussi-Bär, Bussi-Bär, wo warst du?

Bussi-Bär, Bussi-Bär, komm ins Haus,
Bussi-Bär, Bussi-Bär, zieh dich aus.

Bussi-Bär, Bussi-Bär, es ist vollbracht,
Bussi-Bär, Bussi-Bär, gute Nacht.

Freizeitspaß liebt mein Bussi-Bär

Bussi-Bär, Bussi-Bär, ist im Zoo,
Bussi-Bär, Bussi-Bär, singt dort froh.

Bussi-Bär, Bussi-Bär, fährt im Boot
Bussi-Bär, Bussi-Bär, ißt ein Brot.

Bussi-Bär, Bussi-Bär, was machst du?
Bussi-Bär, Bussi-Bär, putzt sein Schuh.

Bussi-Bär, Bussi-Bär, geht ins Haus,
Bussi-Bär, Bussi-Bär, sucht die Maus.

Bilderreime von Bussi-Bär

Links ein Schwan, rechts ein Schwan,
in der Mitte kräht der Hahn.

Links ein Tisch, rechts ein Tisch,
in der Mitte schwimmt ein Fisch.

Links ein Reiter, rechts ein Reiter,
in der Mitte steht die Leiter.

Links ein Haus, rechts ein Haus,
in der Mitte rennt die Maus.

Links ein Tier, rechts ein Tier,
in der Mitte tanzen wir.

Links ein Schwein, rechts ein Schwein,
in der Mitte fließt der Wein.

Links ein Biber, rechts ein Biber,
in der Mitte brüllt der Tiger.

Links ein Riese, rechts ein Riese,
in der Mitte spielt die Liese.

Links ein Hase, rechts ein Hase,
in der Mitte steht die Vase.

Links ein Tiger, rechts ein Tiger,
in der Mitte fliegt ein Flieger.

Links eine Banane, rechts eine Banane,
in der Mitte Kaffee ohne Sahne.

Links ein Baum, rechts ein Baum,
in der Mitte steht der Zaun.

Links ein Löwe, rechts ein Löwe,
in der Mitte fliegt die Möwe.

Links ein Kahn, rechts ein Kahn,
in der Mitte kräht der Hahn.

Links ein Brot, rechts ein Brot,
in der Mitte schwimmt das Boot.

Links ein Herz, rechts ein Herz,
in der Mitte tanzt der Nerz.

Links ein Schrank, rechts ein Schrank,
in der Mitte steht die Bank.

Links ein Berg, rechts ein Berg,
in der Mitte wohnt der Zwerg.

Links ein Reh, rechts ein Reh,
in der Mitte steht der Tee.

Links ein Kussi, rechts ein Kussi,
in der Mitte steht der Bussi.

Links die Puppe, rechts die Puppe,
in der Mitte dampft die Suppe.

Links die Tonne, rechts die Tonne,
in der Mitte scheint die Sonne,

Links ein Schwert, rechts ein Schwert,
in der Mitte trabt das Pferd.

Links ein Hahn, rechts ein Hahn,
in der Mitte ein Fasan.

Links ein Buch, rechts ein Buch,
in der Mitte weht das Tuch.

Links ein Pfau, rechts ein Pfau,
in der Mitte grunzt die Sau.

Links die Dose, rechts die Dose,
in der Mitte blüht die Rose.

Links ein Turm, rechts ein Turm,
in der Mitte kriecht der Wurm.

Links ein Eis, rechts ein Eis,
in der Mitte wächst der Reis.

Links ein Cello, rechts ein Cello,
in der Mitte tanzt der Bello.

Links ein Schuh, rechts ein Schuh,
in der Mitte steht die Kuh.

Links ein Fuchs, rechts ein Fuchs,
in der Mitte sitzt der Luchs.

Links ein Zopf, rechts ein Zopf,
in der Mitte steht der Topf.

Links die Zange, rechts die Zange,
in der Mitte tanzt die Schlange.

Links ein Herd, rechts ein Herd,
in der Mitte trabt ein Pferd.

Links ein Topf, rechts ein Topf,
in der Mitte hüpft der Knopf.

Links ein Igel, rechts ein Igel,
in der Mitte liegt die Fidel.

Links ein Seil, rechts ein Seil,
in der Mitte fliegt der Pfeil.

Links ein Dachs, rechts ein Dachs,
in der Mitte springt der Lachs.

Links ein Hahn, rechts ein Hahn,
in der Mitte tanzt ein Zahn.

Links ein Pinsel, rechts ein Pinsel,
in der Mitte eine Insel.

Links die Ziege, rechts die Ziege,
in der Mitte steht die Wiege.

Bussis Kirschen-Zahlenreigen

Eins, zwei,
drei,
mit Kirschen
schmeckt der Brei.

Vier, fünf,
sechs,
die Kirschen
mag die Hex'.

Sieben, acht, neun,
der Bello tut sich freun.

Zehn, elf, zwölf,
Bussi pflückt
Kirschen für
Herrn Zölch.

Bussis Haselnuß-Zahlenreigen

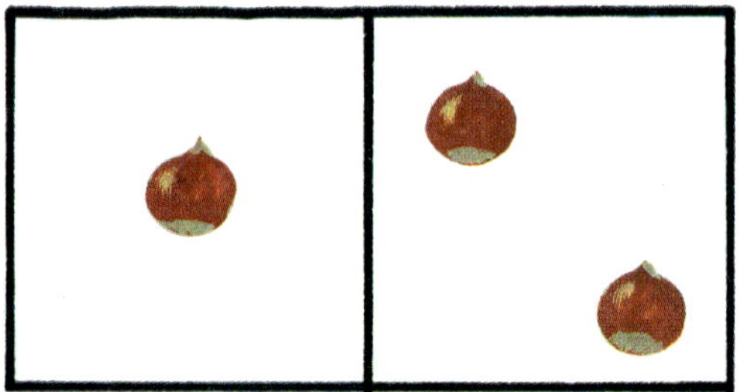

Eins, zwei,
drei,
Felix mag
keinen Brei.

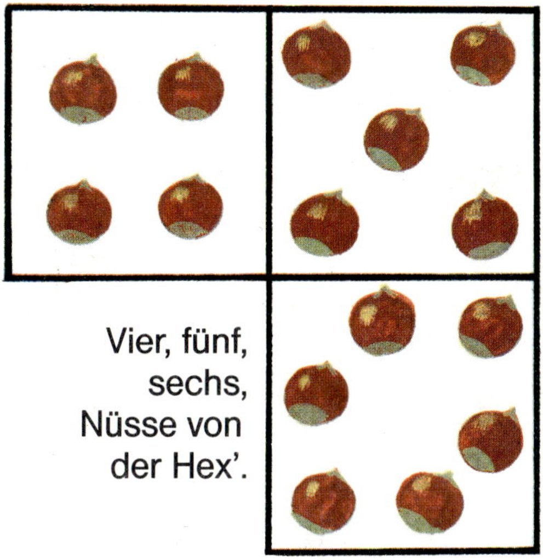

Vier, fünf,
sechs,
Nüsse von
der Hex'.

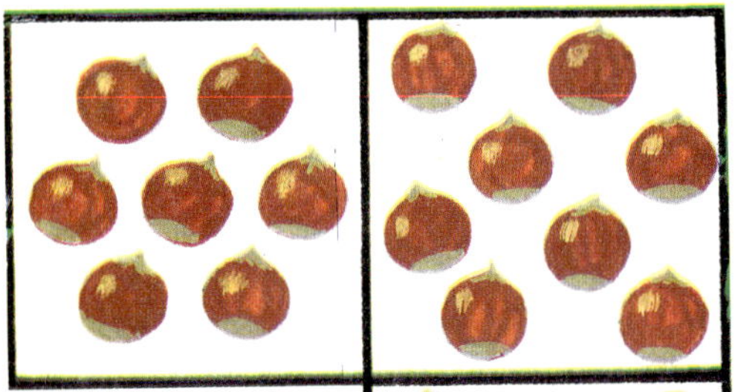

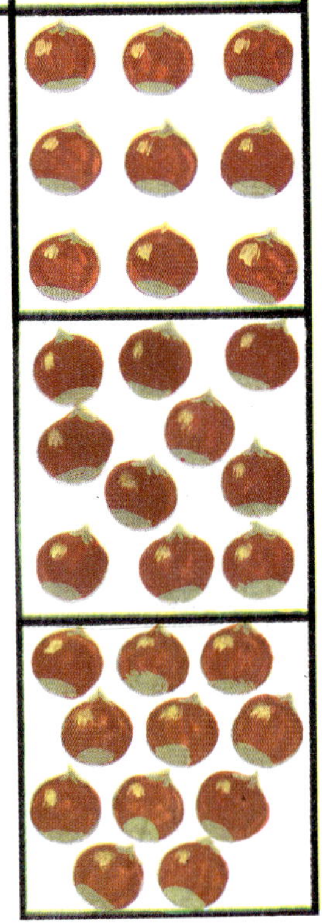

Sieben, acht,
neun,
jeder soll
sich freun.

Zehn, elf,
zwölf und
eine Nuß,
gib dem Bussi
einen Kuß.

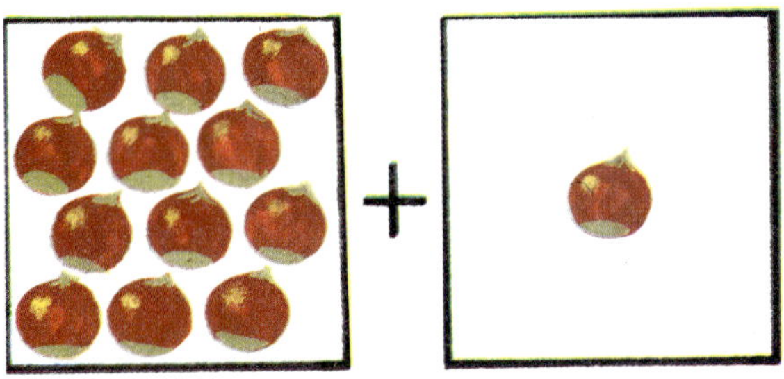

Bussis Ostereier-Zahlenreigen

Eins, zwei,
drei,
buntes Allerlei.

Vier, fünf,
sechs,
ein großer
bunter Klecks.

Sieben, acht,
neun,
Kinder soll'n
sich freun.

Mein Bussi-Bär mag Ferien sehr

Bussi-Bär, Bussi-Bär, schläft bis acht,
Bussi-Bär, Bussi-Bär, aufgewacht.

Bussi-Bär, Bussi-Bär, geht zum Strand,
Bussi-Bär, Bussi-Bär, spielt im Sand.

Bussi-Bär, Bussi-Bär, hört den Knall,
Bussi-Bär, Bussi-Bär, kickt den Ball.

Bussi-Bär, Bussi-Bär, rennt ins Meer,
Bussi-Bär, Bussi-Bär, freut sich sehr.

Zwei kleine Entchen

Zwei kleine Entchen leben in dem See,
zwei kleine Entchen trinken keinen Tee.

Zwei kleine Entchen lieben Bussi-Bär,
zwei kleine Entchen lieben ihn so sehr.

Zwei kleine Entchen schauen in den Spiegel,
zwei kleine Entchen sehen keinen Igel.

Zwei kleine Entchen sehen Spiegelbilder,
vier kleine Entchen schnattern laut und wilder.